TRANSLATED

Translated Language Learning

The Nightingale and the Rose

나이팅게일과 장미

Oscar Wilde

English / 한국어

Copyright © 2023 Tranzlaty
All rights reserved.
ISBN: 978-1-83566-008-9
Original text by Oscar Wilde
The Nightingale and the Rose
Written in 1888 in English
www.tranzlaty.com

The Nightingale and the Rose
나이팅게일과 장미

'She said that she would dance with me if I brought her red roses'
'그녀는 내가 빨간 장미를 가져오면 나와 함께 춤을 추겠다고 말했다'
'but in all my garden there is no red rose' cried the young Student
'하지만 내 정원에는 빨간 장미가 하나도 없어요.' 어린 학생이 외쳤다
from her nest in the holm-oak tree the nightingale heard him
홀름 떡갈나무에 있는 둥지에서 나이팅게일은 그의 말을 들었다
and she looked out through the leaves, and wondered
그녀는 나뭇잎 사이로 밖을 내다보며 의아해했다

'No red rose in all my garden!' he cried
'내 정원에 빨간 장미는 없어!' 그는 울부짖었다
and his beautiful eyes filled with tears
그의 아름다운 눈에는 눈물이 가득 고여 있었다
'On what little things does happiness depend!'
'행복은 얼마나 작은 것들에 달려 있는가!'
'I have read all that the wise men have written'
'나는 동방 박사들이 쓴 것을 모두 읽었습니다'
'all the secrets of philosophy are mine'
'철학의 모든 비밀은 나의 것이다'
'yet for want of a red rose my life is made wretched'
'그러나 빨간 장미가 부족해서 내 인생이 비참해졌다'

'Here at last is a true lover,' said the nightingale
'드디어 진정한 연인이 왔구나.' 나이팅게일이 말했다
'Night after night have I sung of him, though I knew him not'
'내가 그를 알지 못할지라도 밤마다 그를 노래하였도다'
'Night after night have I told his story to the stars'
'밤마다 나는 별들에게 그의 이야기를 들려주었다'
'and now I see him'

'이제 내가 그분을 뵙게 되었구나'

'His hair is as dark as the hyacinth-blossom'
'그의 머리카락은 히아신스 꽃처럼 짙다'
'and his lips are as red as the rose of his desire'
'그의 입술은 그의 욕망의 장미처럼 붉다'
'but passion has made his face like pale Ivory'
'그러나 열정은 그의 얼굴을 창백한 상아처럼 만들었다'
'and sorrow has set her seal upon his brow'
'슬픔이 그의 이마에 인장을 찍었도다'

'The Prince has organized a ball tomorrow,' said the young student
'왕자님께서 내일 무도회를 준비하셨어요.' 어린 학생이 말했다
'and my love will be there'
'내 사랑이 거기 있으리라'
'If I bring her a red rose, she will dance with me'
'내가 그녀에게 빨간 장미를 가져다주면, 그녀는 나와 함께 춤을 출 것이다'
'If I bring her a red rose, I will hold her in my arms'
'빨간 장미를 가져다주면 품에 안아줄게'
'and she will lean her head upon my shoulder'
'그 여자는 내 어깨에 머리를 기댈 것이다'
'and her hand will be clasped in mine'
'그 여자의 손이 내 손을 잡을 것이다'

'But there is no red rose in my garden'
'하지만 내 정원에는 빨간 장미가 없어'
'so I will sit lonely'
'그래서 나는 외롭게 앉아 있을 것이다'
'and she will go past me'
'그 여자가 나를 지나쳐 가리라'
'She will have no heed of me'
'그 여자는 내 말에 주의를 기울이지 않을 것이다'
'and my heart will break'
'내 마음이 찢어질 것이다'

'Here indeed is the true lover,' said the nightingale
'여기 진정한 연인이 있다.' 나이팅게일이 말했다
'What I sing of he suffers'
'내가 노래하는 것은 그분이 당하시는도다'
'what is joy to me is pain to him'
'내게는 기쁨이 그에게는 고통이니라'
'Surely love is a wonderful thing'
'정녕 사랑은 놀라운 것이다'
'love is more precious than emeralds'
'사랑은 에메랄드보다 소중하다'

'and love is dearer than fine opals'
'사랑은 고급 오팔보다 더 소중하다'
'Pearls and pomegranates cannot buy love'
'진주와 석류로는 사랑을 살 수 없다'
'nor is love sold in the market-place'
'사랑은 시장에서 팔리지 않는다'
'love can not be bought from merchants'
'사랑은 상인에게서 살 수 없다'
'nor can love be weighed on a balance for gold'
'사랑의 무게를 금으로 저울에 달아 놓을 수도 없다'

'The musicians will sit in their gallery,' said the young student
'음악가들은 갤러리에 앉을 거예요.' 어린 학생이 말했다
'and they will play upon their stringed instruments'
'그들은 현악기를 연주할 것이다'
'and my love will dance to the sound of the harp'
'내 사랑이 수금의 소리에 맞춰 춤을 추리리라'
'and she will dance to the sound of the violin'
'그녀는 바이올린 소리에 맞춰 춤을 출 것이다'
'She will dance so lightly her feet won't touch the floor'
'발이 바닥에 닿지 않을 정도로 가볍게 춤을 출 거야'

'and the courtiers will throng round her'
'신하들이 그 여자를 둘러싸고 몰려들 것이다'

'but she will not dance with me'
'그러나 그 여자는 나와 함께 춤을 추지 않을 것이다'
'because I have no red rose to give her'
'그녀에게 줄 빨간 장미가 없기 때문에'
he flung himself down on the grass
그는 풀밭에 털썩 주저앉았다
and he buried his face in his hands and wept
그는 두 손으로 얼굴을 묻고 울었다

'Why is he weeping?' asked a little Green Lizard
'왜 울고 있는 거지?' 작은 녹색 도마뱀이 물었습니다
while he ran past with his tail in the air
그가 꼬리를 공중에 띄우고 지나가는 동안
'Why indeed?' said a Butterfly
'왜 그럴까?' 나비가 말했다
while he was fluttering about after a sunbeam
햇살을 쫓아 이리저리 날아다니는 동안
'Why indeed?' whispered a daisy to his neighbour in a soft, low voice
'왜 그럴까?' 데이지가 이웃에게 부드럽고 낮은 목소리로 속삭였다

'He is weeping for a red rose,' said the nightingale
'그는 빨간 장미를 위해 울고 있다'고 나이팅게일이 말했다
'For a red rose!?' they exclaimed
'빨간 장미를 위하여!?' 그들은 외쳤다
'how very ridiculous!'
'정말 우스꽝스러운가!'
and the little Lizard, who was something of a cynic, laughed outright
그리고 냉소주의자였던 작은 도마뱀은 크게 웃었다

But the nightingale understood the secret of the student's sorrow
그러나 나이팅게일은 그 학생의 슬픔의 비밀을 알고 있었다
and she sat silent in the oak-tree
그리고 그녀는 떡갈나무에 조용히 앉아 있었다
and she thought about the mystery of love

그리고 그녀는 사랑의 신비에 대해 생각했다
Suddenly she spread her brown wings
갑자기 그녀는 갈색 날개를 펼쳤다
and she soared into the air
그리고 그녀는 공중으로 솟아올랐다

She passed through the grove like a shadow
그녀는 그림자처럼 숲 속을 지나갔다
and like a shadow she sailed across the garden
그리고 그림자처럼 그녀는 정원을 가로질러 항해했다
In the centre of the garden was a beautiful rose-tree
정원 중앙에는 아름다운 장미 나무가 있었습니다
and when she saw the rose-tree, she flew over to it
그리고 그녀는 장미 나무를 보았을 때, 그쪽으로 날아갔습니다
and she perched upon a twig
그녀는 나뭇가지에 걸터앉았다

'Give me a red rose,' she cried
'빨간 장미 한 송이를 주세요.' 그녀는 울부짖었다
'give me a red rose and I will sing you my sweetest song'
'빨간 장미를 주면 가장 달콤한 노래를 불러줄게'
But the Tree shook its head
하지만 나무는 고개를 저었다
'My roses are white,' the rose-tree answered
'내 장미는 하얗구나.' 장미나무가 대답했다

'as white as the foam of the sea'
'바다의 거품처럼 희다'
'and whiter than the snow upon the mountain'
'산 위의 눈보다 더 희다'
'But go to my brother who grows round the old sun-dial'
'하지만 낡은 해시계를 맴도는 내 동생에게로 가라'
'perhaps he will give you what you want'
'어쩌면 그분은 당신이 원하는 것을 주실지도 몰라요'

So the nightingale flew over to his brother
그래서 나이팅게일은 동생에게로 날아갔습니다

the rose-tree growing round the old sun-dial
오래된 해시계 주위에서 자라는 장미 나무
'Give me a red rose,' she cried
'빨간 장미 한 송이를 주세요.' 그녀는 울부짖었다
'give me a red rose and I will sing you my sweetest song'
'빨간 장미를 주면 가장 달콤한 노래를 불러줄게'
But the rose-tree shook its head
하지만 장미나무는 고개를 저었다
'My roses are yellow,' the rose-tree answered
'내 장미는 노랗구나.' 장미나무가 대답했다

'as yellow as the hair of a mermaid'
'인어의 머리카락처럼 노랗다'
'and yellower than the daffodil that blooms in the meadow'
'초원에 피는 수선화보다 더 노랗다'
'before the mower comes with his scythe'
'잔디 깎는 사람이 낫을 들고 오기 전에'
'but go to my brother who grows beneath the student's window'
'그러나 학생의 창문 밑에서 자라는 내 동생에게로 가라'
'and perhaps he will give you what you want'
'어쩌면 그가 네가 원하는 것을 줄지도 몰라'

So the nightingale flew over to his brother
그래서 나이팅게일은 동생에게로 날아갔습니다
the rose-tree growing beneath the student's window
학생의 창문 아래에서 자라는 장미 나무
'give me a red rose,' she cried
'빨간 장미를 주세요.' 그녀는 울부짖었다
'give me a red rose and I will sing you my sweetest song'
'빨간 장미를 주면 가장 달콤한 노래를 불러줄게'
But the rose-tree shook its head
하지만 장미나무는 고개를 저었다

'My roses are red,' the rose-tree answered
'내 장미는 빨갛구나.' 장미나무가 대답했다
'as red as the feet of the dove'

- 6 -

'비둘기 발처럼 붉다'
'and redder than the great fans of coral'
'산호의 위대한 팬들보다 더 붉다'
'the corals that sway in the ocean-cavern'
'바다 동굴에서 흔들리는 산호'

'But the winter has chilled my veins'
'하지만 겨울이 내 핏줄을 차갑게 식혔다'
'and the frost has nipped my buds'
'서리가 내 싹을 갉아먹었구나'
'and the storm has broken my branches'
'폭풍이 내 가지들을 꺾어 버렸다'
'and I shall have no roses at all this year'
'올해는 장미꽃이 전혀 피지 못하리라'

'One red rose is all I want,' cried the nightingale
'빨간 장미 한 송이면 내가 원하는 전부야.' 나이팅게일이 외쳤다
'Is there no way by which I can get it?'
'내가 그것을 얻을 수 있는 방법은 없을까?'
'There is a way' answered the rose-tree
'길이 있다'고 장미나무가 대답했다
'but it is so terrible that I dare not tell you'
'그러나 그것은 너무나 끔찍해서 감히 너희에게 말할 수 없다'
'Tell it to me' said the nightingale
'말해 봐.' 나이팅게일이 말했다
'I am not afraid'
'나는 두렵지 않습니다'

'If you want a red rose,' said the rose-tree
'빨간 장미를 원한다면.' 장미나무가 말했다
'if you want a red rose you must build the rose out of music'
'빨간 장미를 원한다면 음악으로 장미를 만들어야 한다'
'while the moonlight shines upon you'
'달빛이 너를 비추는 동안에'
'and you must stain the rose with your own heart's blood'
'그리고 당신은 당신 자신의 심장의 피로 장미를 더럽혀야 합니다'

'You must sing to me with your breast against a thorn'
'너는 가시덤불에 가슴을 대고 내게 노래해야 한다'
'All night long you must sing to me'
'너는 밤새도록 내게 노래해야 한다'
'the thorn must pierce your heart'
'가시가 네 마음을 꿰뚫을 것이다'
'your life-blood must flow into my veins'
'당신의 생명의 피가 내 혈관으로 흘러 들어가야 합니다'
'and your life-blood must become my own'
'너의 생명의 피가 나의 것이 되어야 한다'

'Death is a high price to pay for a red rose,' cried the nightingale
'죽음은 빨간 장미를 위해 치러야 할 값비싼 대가다.'
나이팅게일이 외쳤다
'life is very dear to all'
'생명은 누구에게나 매우 소중하다'
'It is pleasant to sit in the green wood'
'푸른 숲에 앉아 있으면 즐겁다'
'it is nice to watch the sun in his chariot of gold'
'금병거를 타고 태양을 바라보는 것은 좋은 일이다'
'and it is nice to watch the moon in her chariot of pearl'
'진주 병거를 타고 달을 보는 것도 좋구나'

'sweet is the scent of the hawthorn'
'산사나무의 향기는 달콤하다'
'sweet are the bluebells that hide in the valley'
'골짜기에 숨어있는 블루벨은 달콤하다'
'and sweet is the heather that blows on the hill'
'언덕 위에 부는 헤더는 달콤하다'
'Yet love is better than life'
'그러나 사랑이 생명보다 낫다'

'and what is the heart of a bird compared to the heart of a man?'
'새의 마음은 사람의 마음과 비교되는가?'

So she spread her brown wings for flight
그래서 그녀는 날아오르기 위해 갈색 날개를 펼쳤습니다
and she soared into the air
그리고 그녀는 공중으로 솟아올랐다
She swept over the garden like a shadow
그녀는 그림자처럼 정원을 휩쓸었다
and like a shadow she sailed through the grove
그리고 그녀는 그림자처럼 숲 속을 항해했다

The young Student was still lying in the garden
어린 학생은 여전히 정원에 누워 있었다
and his tears were not yet dry in his beautiful eyes
그의 아름다운 눈에는 아직 눈물이 마르지 않았다
'Be happy,' cried the nightingale
'행복해라.' 나이팅게일이 외쳤다
'you shall have your red rose'
'너는 너의 빨간 장미를 가질 것이다'
'I will make your rose out of music'
'음악으로 너의 장미를 만들겠다'
'while the moonlight shines upon me'
'달빛이 나를 비추는 동안에'

'and I will stain your rose with my own heart's blood'
'내 심장의 피로 너의 장미를 물들이겠다'
'All that I ask of you in return is that you will be a true lover'
'내가 너에게 바라는 것은 네가 진정한 연인이 되는 것뿐이다'
'because love is wiser than Philosophy, though she is wise'
'사랑은 철학보다 현명하기 때문에, 비록 그녀가 현명할지라도'
'and love is mightier than power, though he is mighty'
'사랑은 권능이 강할지라도 권능보다 강하니라'

'flame-coloured are his wings'
'그의 날개는 불꽃 색깔이다'
'and coloured like flame is his body'
'그의 몸은 불꽃처럼 물든다'
'His lips are as sweet as honey'
'그의 입술은 꿀처럼 달콤하다'

'and his breath is like frankincense'
'그의 호흡은 유향 같구나'

The Student looked up from the grass
학생은 풀밭에서 고개를 들었다
and he listened to the nightingale
그리고 그는 나이팅게일의 말에 귀를 기울였다
but he could not understand what she was saying
그러나 그는 그녀가 무슨 말을 하는지 알아들을 수 없었다
because he only knew what he had read in books
책에서 읽은 것만 알고 있었기 때문입니다
But the Oak-tree understood, and he felt sad
하지만 떡갈나무는 이해했고, 슬픔을 느꼈다

he was very fond of the little nightingale
그는 작은 나이팅게일을 무척 좋아했다
because she had built her nest in his branches
그 여자가 그의 나뭇가지에 둥지를 틀었기 때문이다
'Sing one last song for me,' he whispered
'나를 위해 마지막 노래를 불러줘.' 그가 속삭였다
'I shall feel very lonely when you are gone'
'네가 떠나면 나는 몹시 외로울 거야'
So the nightingale sang to the Oak-tree
그래서 나이팅게일은 떡갈나무에게 노래를 불렀습니다
and her voice was like water bubbling from a silver jar
그녀의 목소리는 은항아리에서 솟아오르는 물 같았다

When she had finished her song the student got up
그 여자가 노래를 다 부르자 그 학생은 일어섰다
and he pulled out a note-book
그리고 그는 노트를 꺼냈다
and he found a lead-pencil in his pocket
그리고 그는 주머니에서 연필 한 자루를 발견했다
'She has form,' he said to himself
'그녀에겐 형체가 있구나.' 그는 혼잣말을 했다
'that she has form cannot be denied to her'
'그 여자가 형상을 가지고 있다는 것은 부인할 수 없는 사실이다'

'but does she have feeling?'
'하지만 그녀에게 감정이 있나?'
'I am afraid she has no feeling'
'아내가 아무 감정이 없는 것 같아 두렵습니다'

'In fact, she is like most artists'
"사실 그녀는 대부분의 예술가들과 비슷해요"
'she is all style, without any sincerity'
'그녀는 진정성이 전혀 없는 스타일이다'
'She would not sacrifice herself for others'
'다른 사람을 위해 자신을 희생하지 않으려 했다'
'She thinks merely of music'
'그녀는 단지 음악만을 생각한다'
'and everybody knows that the arts are selfish'
'예술이 이기적이라는 것은 모두가 알고 있다'

'Still, it must be admitted that she has some beautiful notes'
'그렇다 하더라도, 그녀가 아름다운 노트를 가지고 있다는 것은 인정하지 않을 수 없다'
'it's a pity her song does not mean anything'
'그녀의 노래가 아무 의미도 없는 것이 유감이다'
'and it's a pity her song is not useful'
'그리고 그녀의 노래가 유용하지 않은 것은 유감입니다'
And he went into his room
그리고 그는 자기 방으로 들어갔다
and he lay down on his little pallet-bed
그리고 그는 작은 팔레트 침대에 누웠다
and he began to think of his love until he fell asleep
그는 잠들 때까지 자기의 사랑을 생각하기 시작하였다

And when the moon shone in the heavens the nightingale flew to the Rose-tree
그리고 달이 하늘을 비추면 나이팅게일은 장미 나무로 날아갔습니다
and she set her breast against the thorn
그 여자는 자기 가슴을 가시나무에 대고
All night long she sang with her breast against the thorn

그녀는 밤새도록 가시덤불에 가슴을 대고 노래를 불렀다
and the cold crystal Moon leaned down and listened
차가운 수정의 달은 몸을 숙이고 귀를 기울였다
All night long she sang
그녀는 밤새도록 노래를 불렀다
and the thorn went deeper and deeper into her breast
가시는 그녀의 가슴 속으로 점점 더 깊숙이 들어갔다
and her life-blood ebbed away from her
그리고 그녀의 생명의 피는 그녀에게서 빠져나갔다

First she sang of the birth of love in the heart of a boy and a girl
먼저 그녀는 소년과 소녀의 마음 속에 사랑이 태어나는 것을 노래했다
And on the topmost branch of the rose-tree there blossomed a marvellous rose
그리고 장미나무의 맨 꼭대기 가지에는 놀라운 장미가 피어났다
petal followed petal, as song followed song
꽃잎은 꽃잎을 따라가고, 노래는 노래를 따랐다
At first the rose was still pale
처음에 장미는 여전히 창백했다

as pale as the mist that hangs over the river
강에 드리워진 안개처럼 창백하다
as pale as the feet of the morning
아침의 발처럼 창백하다
and as silver as the wings of dawn
새벽의 날개처럼 은빛으로
As pale the shadow of a rose in a mirror of silver
은빛 거울에 비친 장미의 그림자가 창백하게
as pale as the shadow of a rose in a pool of water
물웅덩이에 있는 장미의 그림자처럼 창백한

But the Tree cried to the nightingale;
그러나 나무는 나이팅게일에게 울부짖었다.
'Press closer, little nightingale, or the day will come before the rose is finished'

'더 가까이 다가가라, 작은 나이팅게일아, 그렇지 않으면 장미가
다 자라기 전에 그날이 올 것이다'
So the nightingale pressed closer against the thorn
그래서 나이팅게일은 가시에 더 가까이 다가갔다
and her song grew louder and louder
그녀의 노래는 점점 더 커졌다
because she sang of the birth of passion in the soul of a man and a maid
그녀는 남자와 하녀의 영혼 안에 있는 열정의 탄생을 노래했기 때문입니다

And the leaves of the rose flushed a delicate pink
그리고 장미의 잎은 섬세한 분홍색으로 물들었습니다
like the flush in the face of the bridegroom when he kisses the lips of the bride
신랑이 신부의 입술에 입을 맞출 때 얼굴이 붉어지는 것과 같습니다
But the thorn had not yet reached her heart
그러나 가시는 아직 그녀의 마음에 닿지 않았다
so the rose's heart remained white
그래서 장미의 마음은 하얗게 남았다
because only a nightingale's blood can crimson the heart of a rose
오직 나이팅게일의 피만이 장미의 심장을 붉게 물들일 수 있기 때문이다

And the Tree cried to the nightingale;
그리고 나무는 나이팅게일에게 울부짖었다.
'Press closer, little nightingale, or the day will come before the rose is finished'
'더 가까이 다가가라, 작은 나이팅게일아, 그렇지 않으면 장미가
다 자라기 전에 그날이 올 것이다'
So the nightingale pressed closer against the thorn
그래서 나이팅게일은 가시에 더 가까이 다가갔다
and the thorn touched her heart
가시가 그녀의 마음을 건드렸다
and a fierce pang of pain shot through her

격렬한 고통이 그녀를 관통했다

Bitter, bitter was the pain
쓰라림, 쓰라린 고통
and wilder and wilder grew her song
그리고 와일더와 와일더는 그녀의 노래를 키웠다
because she sang of the love that is perfected by death
그녀는 죽음으로 완성되는 사랑을 노래했기 때문입니다
she sang of the love that does not die in life
그녀는 삶에서 죽지 않는 사랑을 노래했다
she sang of the love that does not die in the tomb
그녀는 무덤에서 죽지 않는 사랑을 노래했다
And the marvellous rose became crimson like the rose of the eastern sky
그리고 그 놀라운 장미는 동쪽 하늘의 장미처럼 진홍색이 되었다
Crimson was the girdle of petals
진홍색은 꽃잎의 허리띠였다
as crimson as a ruby was the heart
홍옥처럼 진홍색의 심장이

But the nightingale's voice grew fainter
하지만 나이팅게일의 목소리는 점점 희미해졌다
and her little wings began to beat
그녀의 작은 날개가 뛰기 시작했다
and a film came over her eyes
그리고 그녀의 눈 위로 필름이 떠올랐다
fainter and fainter grew her song
그녀의 노래는 점점 더 희미해졌다
and she felt something choking her in her throat
그리고 그녀는 목구멍에서 무언가가 그녀를 숨막히는 것을 느꼈다
then she gave one last burst of music
그러고는 마지막으로 한 번 더 음악을 틀었다

the white Moon heard it, and she forgot the dawn
흰 달이 그 소리를 듣고 새벽을 잊었다
and she lingered in the sky

그리고 그녀는 하늘에 머물렀다
The red rose heard it
빨간 장미가 그 소리를 들었다
and the rose trembled with ecstasy
장미는 황홀경에 떨었다
and the rose opened its petals to the cold morning air
장미는 차가운 아침 공기를 향해 꽃잎을 열었다

Echo carried it to her purple cavern in the hills
에코는 그것을 언덕에 있는 보라색 동굴로 가져갔다
and it woke the sleeping shepherds from their dreams
잠자는 목자들을 꿈에서 깨웠다
It floated through the reeds of the river
그것은 강가의 갈대 사이로 떠다녔다
and the rivers carried its message to the sea
강들은 그 소식을 바다로 전하였다

'Look, look!' cried the Tree
'보라, 보라!' 나무가 외쳤다
'the rose is finished now'
'장미는 이제 끝났다'
but the nightingale made no answer
그러나 나이팅게일은 아무 대답도 하지 않았다
for she was lying dead in the long grass, with the thorn in her heart
그녀는 가슴에 가시를 박은 채 긴 풀밭에 죽어 누워 있었다

And at noon the student opened his window and looked out
그리고 정오가 되자 그 학생은 창문을 열고 밖을 내다보았다
'What a wonderful piece of luck!' he cried
'정말 멋진 행운이구나!' 하고 그는 외쳤다
'here is a red rose!'
'여기 빨간 장미가 있다!'
'I have never seen any rose like it'
'나는 이런 장미를 본 적이 없다'
'It is so beautiful that I am sure it has a long Latin name'
'너무 아름다워서 라틴어 이름이 길다고 확신합니다'

he leaned down and plucked the rose
그는 몸을 숙여 장미를 꺾었다
then he ran up to the professor's house with the rose in his hand
그런 다음 그는 장미를 손에 들고 교수의 집으로 달려갔습니다

The professor's daughter was sitting in the doorway
교수의 딸이 문간에 앉아 있었다
she was winding blue silk on a reel
그녀는 릴에 푸른 비단을 감고 있었다
and her little dog was lying at her feet
그녀의 작은 개는 그녀의 발치에 누워 있었다
'You said that you would dance with me if I brought you a red rose'
'내가 빨간 장미를 가져다주면 나와 함께 춤을 추겠다고 했잖아'
'Here is the reddest rose in all the world'
'여기 세상에서 가장 붉은 장미가 있다'
'You will wear it tonight, next your heart'
'오늘 밤, 다음 가슴에 입을 거야'
'While we dance together it will tell you how I love you'
'우리가 함께 춤을 추는 동안 내가 너를 얼마나 사랑하는지 말해줄 거야'

But the girl frowned
하지만 소녀는 눈살을 찌푸렸다
'I am afraid it will not go with my dress'
'내 드레스와 어울리지 않을까 봐 두렵다'
'Anyway, the Chamberlain's nephew sent me some real jewels'
'어쨌든, 체임벌린의 조카가 진짜 보석을 보내줬어.'
'and everybody knows jewels cost more than flowers'
'보석이 꽃보다 비싸다는 것은 모두가 알고 있다'
'Well, you are very ungrateful!' said the Student angrily
'글쎄요, 당신은 정말 배은망덕한 사람이군요!' 하고 그 학생은 화를 내며 말하였다
and he threw the rose into the street
그리고 그는 장미를 길바닥에 던졌다

and the rose fell into the gutter
장미는 시궁창에 떨어졌다
and a cart-wheel ran over the rose
그리고 수레 바퀴가 장미 위를 달렸다

'Ungrateful!' said the girl
'배은망덕한 놈이군!' 소녀가 말했다
'Let me tell you this; you are very rude'
'내가 너희에게 이것을 말해 주겠다. 당신은 매우 무례합니다'
'and who are you anyway? Only a Student!'
'어쨌든 넌 누구야? 학생일 뿐이야!'
'You don't even have silver buckles on your shoes'
'신발에 은색 버클도 없잖아요'
'The Chamberlain's nephew has far nicer shoes'
'체임벌린의 조카는 훨씬 더 좋은 신발을 신었다'
and she got up from her chair and went into the house
그러자 그 여자는 의자에서 일어나 집 안으로 들어갔다

'What a silly thing Love is,' said the Student, while he walked away
'사랑이란 정말 어리석은 일이지.' 학생은 걸어가면서 말했다
'love is not half as useful as Logic'
'사랑은 논리의 절반도 유용하지 않다'
'because it does not prove anything'
'아무 것도 증명하지 못하기 때문에'
'Love always tells of things that won't happen'
'사랑은 항상 일어나지 않을 일을 말해준다'
'and love makes you believe things that are not true'
'사랑은 사실이 아닌 것을 믿게 한다'
'In fact, love is quite unpractical'
'사실, 사랑은 매우 비현실적이다'

'in this age being practical is everything'
'이 시대에는 실용적인 것이 전부입니다'
'I shall go back to Philosophy and I will study Metaphysics'
'나는 철학으로 돌아가 형이상학을 공부할 것이다'
So he returned to his room

그래서 그는 자기 방으로 돌아갔다
and he pulled out a great dusty book
그리고 그는 먼지투성이의 커다란 책을 꺼냈다
and he began to read
그리고 그는 읽기 시작하였다

The End - 끝

www.ingramcontent.com/pod-product-compliance
Lightning Source LLC
Chambersburg PA
CBHW011955090526
44591CB00020B/2789